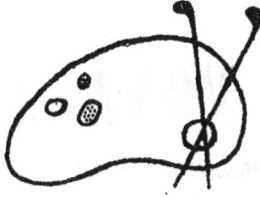

Début d'une série de documents en couleur

Couverture inférieure manquante

Extrait du BULLETIN-REVUE de la Société d'Émulation
et des Beaux-Arts du Bourbonnais.

NOTES DE VOYAGE

EXTRAITES D'UN OUVRAGE EN PRÉPARATION « PYRÉNÉES »

DU VERNET A AX-LES-BAINS
PAR LA MONTAGNE

A. MONY

MEMBRE DU CLUB ALPIN

MOULINS
IMPRIMERIE ETIENNE AUCLAIRE
SUCCESSEUR DE C. DESROSIERS
1897

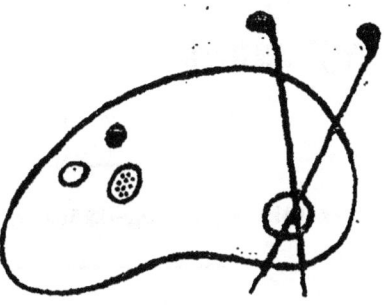

Fin d'une série de documents en couleur

NOTES DE VOYAGE

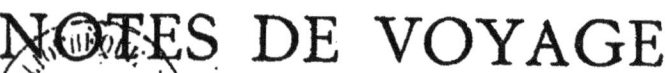

DU VERNET A AX-LES-BAINS

PAR LA MONTAGNE

Mont-Louis. — Bourg-Madame. — Puycerda.

12 Août. — Départ de Vernet-les-Bains à 7 h. 1/4 ; brise du matin très fraîche, mais beau temps. La route — la seule qui permette de sortir du Vernet en voiture — mène d'abord forcément à la clef de vallées, c'est-à-dire à Villefranche.

Là, rejoignant la route d'Espagne et tournant au sud-ouest, on traverse la ville-citadelle et, à l'issue des murailles, franchissant la Têta, on va suivre sa rive gauche, en remontant la vallée, presque constamment jusqu'à Mont-Louis.

Très doux ce val semé de chênes verts ; Serdinya, de mine assez grise, s'égaye de ses figuiers luisants ; mais vers Joncel les pentes stériles n'ont plus qu'un hérissement d'ajoncs et de cactus ; sur ces pentes, en face de Jujols, un rail très incliné descend de haut dans la montagne les minerais d'Escaro. — Plus plane maintenant et grasse d'alluvions lacustres, la vallée reprend de la verdure ; d'une prairie se dressent presque fantastiquement, comme des spectres du passé, deux tours rondes à créneaux regardant tristement s'écrouler autour d'elles les murailles qui les reliaient, restes du château de la Bastide ; bientôt se montrent les toits d'Olette plaqués dans le rocher et grimpant les uns sur les autres ; avant d'y arriver retournons-nous, le fond qu'on quitte en vaut la peine : le bassin de la Têta et de ses vallées annexes entre-croisent leurs plans ; sur ce jeu de roches dorées et de sombres coupures, le Canigou bleu indigo élève sa double cime, et des nuages blancs le drapant en écharpe font sur ses flancs l'illusion de glaciers.

Olette, calme chef-lieu de canton, autrefois baronnie importante de la Cerdagne, reprendra de la vie avec la voie ferrée qui se poursuit mais bien lentement, quoique l'exécution en soit facile ; depuis Villefranche, c'est-à-dire sur deux lieues et demie presque rectilignes, on ne s'élève guère que de 170 mètres.

Après Olette — ou mieux Oletta — dont le nom par sa douceur est bien en harmonie avec ses alentours — la vallée change de caractère ; dans les revers plus resserrés, des ravins latéraux s'entr'ouvrent ; près des dernières maisons le rio d'Evol, descendant du Gourg-Noir, et le rio de Cabrils ou de Railleu, venant des Agreillous, au-dessus de Formiguières, s'unissent sous une vieille arche et traversent la route pour se jeter dans la Têta ; un peu plus loin, à gauche, le riant vallon de Mantet, enveloppant le castel de Nyers, se couronne tout au fond de pointes vives : les Tres-Estelles.

Et les revers plus arides, où ne s'accrochent plus que par places quelques maigres oliviers, se rapprochent, se dressent en murailles ; on est en plein règne du granit qui, peu après Olette (3 kil.), s'est débarrassé des couches primaires pour ne les reprendre sur ses épaules que près de cinq lieues plus loin, aux abords du col de la Perche ; la vallée, ou plutôt la gorge où se tord le gave, est une fente profonde de cette grande levée : c'est le « Tourniquet d'Olette » avec ses étranglements, vrais Thermopyles du Roussillon ; l'ancienne route, pour éviter le défilé, montait par gradins — les Graus d'Olette — jusque sous Canaveilles ; la nouvelle y plonge bravement, tantôt perçant le roc en tunnel, plus loin passant d'un bord à l'autre sur des arches hardies. Partout des sources chaudes sourdent, jaillissent ou tombent de cette nature tourmentée ; ici un poteau indique un petit sentier qui, se détachant à angle aigu de la route, dégringole vers une cabane accrochée aux parois où, d'après le cocher-guide, il y a jusqu'à quatre baignoires... et pour deux sources !... bien bonnes sans doute ; un peu plus loin c'est la région des vapeurs, « l'Exalda », nommée ainsi autrefois à cause des exhalaisons visibles et odorantes qui s'échappent des eaux ; un monastère du ixe siècle, dont les traces sont encore là-haut, s'appelait Saint-André de l'Exalda ; en 878 (Joanne), un gonflement du gave emporta ce torrent, qui n'avait pas 40 ans d'existence ; on ne s'explique guère que la Têta se soit élevée à cette hauteur ; quoi qu'il en soit les religieux, ne tentant pas de relever des ruines ou trouvant la place trop peu sûre, allèrent fonder vers Prades, Saint-Michel de Cuxa.

L'Exalada et ses 31 sources sont aujourd'hui l'Etablissement des Graus d'Olette, réunion de trois groupes : Saint-André — en mémoire de l'abbaye, — l'Exalada — nom qui s'imposait — et la Cascade — à cause de trois bonds du rio dans la gorge du Fayet.

« Ces eaux réunies forment une véritable rivière minérale, débitant par 24 heures un minimum de 1,773 mètres cubes et, dans le même espace de temps, prenant au sol 863 kilos de composants fixes. » — 314,995 kilos dans une année, 32,000 tonnes en chiffres ronds dans un siècle ; et voilà des centaines, des milliers de siècles peut-être, que ces sources surgissent des profondeurs de la terre !... Conçoit-on le gouffre qu'elles y ont creusé ?... S'explique-t-on l'inépuisable et constante richesse du mystérieux laboratoire où elles se chargent ?

« La variété de composition et de température, dit M. Puig en parlant de cette station, y réunit les analogues de presque toutes les eaux thermales en réputation, comme Bagnères, Barèges, Ax, Ussat, Bourbonne, Plombières, les Eaux-Bonnes, Amélie, le Vernet, Molitg, la Preste, etc. » — « On pourrait, dit M. Lambron, donner jusqu'à neuf mille bains par jour, et cependant peu de sources sont utilisées. »

Peu utilisées, peu connues du public, dédaignées surtout de la fashion, ces eaux où la bonne nature — *natura medicatrix* — semble avoir voulu concentrer ses vertus !... Qui parle de l'Exalda ?... Où prenez-vous ce trou ?... Qui donc voudrait s'enterrer là ?

Et ce qu'il en est des Graus d'Olette l'est hélas de beaucoup de nos stations françaises, on pourrait dire de la plupart. La France, qui a déjà les premiers vins du monde — cela du moins personne ne le lui conteste, même les Français — la France, fille bénie de la Providence, a aussi les meilleures eaux, et elle les a toutes ! Pas une des ressources de l'hydropathie, si complète, si variée, si nuancée qu'on la suppose, ajoutons même pas un de ses desiderata, qui ne se rencontrent en France ; si nombreuses que puissent être les Nymphes de l'Hygie souterraine, pas une qui n'ait chez nous son urne ou son griffon. Mais la mode, le genre, commandent qu'on aille chercher au loin, à l'étranger, une santé qu'on trouverait plus près et plus sûrement chez soi... — c'est le *snobisme thermal.*

La voiture a marché pendant ces réflexions et s'arrête devant Thues-de-Llar ; ces quelques masures tristes et le méchant petit pont qui y mène ne mériteraient pas une visite si ce hameau ne marquait l'entrée des gorges célèbres de Carença. Un rio, qui, au printemps, à juger par ses traces, doit être un gave sérieux, sert de guide le long du village, et brusquement on se trouve devant de hautes parois tranchées d'une étroite fente verticale, où le gave est étranglé ; tellement que pour pénétrer dans le mince hiatus, porche inquiétant des gorges, il faudrait se mettre dans l'eau si, devant soi, tout près du rio, le roc ne s'ouvrait en un trou, un petit couloir

creusé de main d'homme, qui débouche après quelques
mètres dans le défilé un peu élargi ; sur une banquette à
demi prise dans la roche, à demi formée de débris empruntés
au torrent, on rampe entre ces deux murailles, qui, entre-
croisant leurs pans nus, semblent sans cesse se refermer
devant vous et vous écrasent de leurs sombres aplombs ;
mais bientôt la fente s'évase, ses murs s'inclinent et dans la
brèche, comme un éblouissement, apparaît le fond de la gorge
inondée des rayons de cette belle journée, ses revers rocheux
chargés de forêts ensoleillées, comme de manteaux de velours
vert clair sablés de poussière d'or, et plus haut, tout en haut,
quelques fines pointes de la chaîne frontière, légères et à
peine estompées sur le chaud ciel d'Espagne, comme si elles
montaient pour s'y fondre.

Quel regret de ne pouvoir suivre le défilé jusqu'à ce cirque
creusé de gorges en éventail d'où s'élance, dominant les
Cerdagnes, la pyramide de Gallinas ; de s'élever jusqu'à ce
chapelet de gourgs — dont l'un se nomme un peu ambitieu-
sement le Grand Lac — et qui font face aux Etangs de
Nohédas, sous le Pic d'Enfer, de l'autre côté de la vallée de
la Têt ; puis jusqu'au col de la Jéganne plongeant sur la
Catalogne ; et enfin au Pic de la Dona d'où l'on embrasse,
dit-on, du Canigou aux Albères, cet ensemble de montagnes
françaises et espagnoles qui, entre les Cerdagnes et la mer,
forment comme un groupe à part et détaché dans le système
pyrénéen. Mais il faut revenir ; sur la route les chevaux s'im-
patientent, agacés du soleil et des mouches ; chacun a son
tourment.

La vallée, moins resserrée au-dessus de Tuès, garde une
grande allure ; assez tristes pourtant ces hauts revers gri-
sâtres et presque nus, ces rives tourmentées du torrent où
l'on ne voit guère, sur quelques pans de terre cultivable dé-
robés aux rochers, qu'un peu de luzerne ou de pommes de
terre, des groupes de noyers sombres et çà et là quelques
pauvres toits qui semblent vides. Mais on se sent au cœur des

monts ; et en effet c'est là que le cours de la Têt longe de plus près la chaîne frontière ; or, comme on sait, la chaîne orientale, presque dès son apparition, c'est-à-dire très peu après son surgissement de la Méditerranée, peut déjà s'appeler la Haute-Chaîne ; depuis l'Esquine-d'Aze (2,716 mètres) — et sans compter le Canigou qui, s'isolant au nord, est le som superbe d'un chaînon latéral — le massif est formé de pics dépassant 2,700 mètres ; ce sont les crêtes voisines de la Jéganne (2,881 mètres), que nous laisse entrevoir à moins de trois lieues la gorge qui s'ouvre brusquement sur la gauche, cette gorge sauvage de Fontpedrouse enveloppant dans un puits de ravines un donjon perché sur une pointe, comme le retrait mystérieux de l'enchanteur Merlin ou d'un chevalier de la Table ronde chevauchant l'Hippogriffe. Ce sont les contreforts tombant de la Jéganne et du Pic de l'Enfer qui font pendant au promontoire où, sur l'autre versant, à droite de notre route, nous allons tout à l'heure voir se dresser Mont-Louis.

Déjà le chemin se tord dans leurs entre-croisements, tantôt perçant les roches, tantôt passant de l'une à l'autre sur les arceaux d'un haut viaduc ; et bientôt pour gravir le cap il tourne sur lui-même en une longue spirale soutenue de murailles ou taillée dans le revers, franchit la Têt — qui, déviée par le rehaut du promontoire, vient maintenant du nord-ouest prenant sa source sous le Carlitte — et s'élève par étages jusqu'à une dernière rampe d'où tout d'un coup apparaît Mont-Louis drapé dans ses remparts.

Une fois sur le plateau peu large on est vite dans l'enceinte enfermant ville et citadelle. Mont-Louis est surtout une place forte ; moins de 400 habitants se serrent dans huit rues rectilignes comme un coup de canon et se coupant à angle droit, ouvertes à tous les vents du ciel. La citadelle avec son esplanade absorbe le reste de l'éperon. Par son altitude (1,600 mètres), par ses défenses naturelles, le ravin de la Têt au nord-est et les pentes raides des autres aspects, la place, portant déjà de temps ancien la tour de Castellosa, s'indiquait d'elle-même à Vauban qui, à partir de 1681, 22 ans après le traité des Pyrénées, la fortifia de taille à couvrir la Cerdagne redevenue française et à garder maîtresse le défilé d'Olette, ce sentier battu de l'invasion.

A peine le pont-levis franchi et dès l'entrée dans les premières cours, on est saisi de l'ampleur sévère de la royale citadelle ; plus de quatre mille hommes s'y logeraient et y manœuvreraient à l'aise. Que vaudraient ses défenses contre l'attaque moderne ?... c'est aux gens du métier à le savoir ; nous n'avons à noter que l'impression de puissance qu'elle donne ; le style du xviie siècle, si critiquable pour les palais, convenait des mieux aux ouvrages militaires ; ce n'est plus l'art des xiie et xiiie siècles, si expressif, si logique dans sa liberté ; il a fallu suivre le temps et se modifier avec les armes ; ces toits larges et bas, ces grandes lignes simples, ces ouvertures sobres et carrées, expriment la dignité, la majesté de la force. Ce ne sont pas nos troupiers, aussi braves certes que leurs ancêtres mais un peu minces dans leurs vestes serrées, qu'on s'attend à en voir sortir, ce sont les mousquetaires avec leurs feutres empanachés et leurs longues rapières.

Mais mousquetaires ou fantassins n'y sont plus nécessaires, Dieu merci ! Les soldats ne s'y voient que pour la forme et en petit nombre. L'esprit de paix a fait son œuvre, que l'avenir doit fortifier. Entre les deux nations, faites pour s'aimer et se soutenir, il y a toujours des Pyrénées, mais — et c'était le vrai sens de la parole du grand Roi — la montagne n'est plus une barrière farouche rendant les deux voisines étrangères l'une à l'autre et les excitant même à se défier, elle est comme une pierre mitoyenne où les deux Sœurs s'appuyent en se donnant la main, presque l'autel où leur amitié s'atteste et se confirme.

Déjeuner à l'hôtel de France ; hôtel très bon, quoique le seul, et pas cher, une inscription porte des chambres à 0 fr. 50 ; truites de l'étang d'Aude.

L'église, du xviie siècle, plafonnée, nue et triste, n'offre guère à remarquer qu'un Christ ensanglanté d'un réalisme navrant.

En dehors de l'église et du fort, Mont-Louis n'a qu'un seul monument édifié sur sa place principale bien qu'étroite ; c'est une tombe militaire, d'une simplicité toute spartiate, mais très intéressante par le souvenir qu'elle garde d'un brave, le général républicain Dagobert, et montrant par ce souvenir l'utilité de la citadelle de Vauban. « En 1793, une division espagnole venue pour assiéger Mont-Louis avait assis son camp sur le col de la Perche. Le général Dagobert, qui commandait la place menacée, attaqua le camp à la tête de 3,000 hommes et remporta une victoire complète. Dagobert poursuivit l'ennemi et s'empara de Puycerda ; mais en apprenant que Ricardos voulait lui couper la retraite à Olette, il s'empressa de revenir à Mont-Louis. »

Les chevaux reposés, nous repartons vers 2 heures. La route, prenant le promontoire en écharpe, s'abaisse assez doucement pour se relever bientôt vers un col largement ouvert, rehaut de la vallée un peu plus élevé que le relief de Mont-Louis, c'est le col de la Perche (1,622^m).

Si pour la délimitation de la frontière franco-espagnole on eût choisi la ligne de plus haute altitude ou, ce qui semble plus juste encore, celle du partage des eaux, le bornage passerait sur ce col. C'est en effet ce relief, continué par celui de Mont-Louis, qui, séparant les sources presque mêlées au faîte de la Têt et de la Sègre, jette l'une sur Perpignan, c'est-à-dire au nord-est, et l'autre à l'opposé sur la Séo d'Urgel. Le bornage adopté suit à la vérité les soms de la chaîne orientale ou méditerranéenne jusqu'à son point culminant, le Puygmal (2,909^m), mais alors, ne tenant plus compte du départ des eaux et quittant brusquement cette chaîne qui continue tout droit — O.-S.-O. — en Catalogne, elle tombe dans la vallée de la Sègre et la traverse arbitrairement pour rejoindre le ressaut de Puycerda qui va monter avec elle vers les pics d'Ensagens (2,915^m).

Il n'y a pas à se plaindre d'une délimitation tout à l'avantage de la France ; aussi ne peut-on regretter cette enclave espagnole de Llivia, bizarre, absurde en apparence, mais en somme faible compensation obtenue par l'Espagne et preuve de notre bonne foi dans l'exécution des traités.

D'après la convention de 1659 une portion des Cerdagnes où se trouvait Llivia devait se céder à la France ; une des clauses disait : 33 villages ; lorsqu'il s'agit d'annexer cette portion et de fixer la nouvelle frontière les commissaires espagnols, prétextant que Llivia n'était pas village mais ville, la réclamèrent avec son territoire ; cela était fort discutable et non sans doute dans l'esprit du traité ; mais le roi de France en respectant les termes ne voulut point de contestation.

Et c'est ainsi que l'îlot espagnol de Llivia resta au cœur de la Cerdagne française, relié à la Cataluña par un chemin neutre d'une demi-lieue.

En descendant du col de la Perche, il semble qu'on change de pays ; toute la vallée s'élargit et s'abaisse en un vaste bassin fertile, échiquier de prairies, de moissons, de cultures ; bassin qui, paraît-il, retenait jadis un lac considérable ; sauf le Puygmal, qui s'impose encore, l'horizon de montagnes, de part et d'autres de la Sègre, s'éloigne, s'éteint en dômes adoucis ; c'est l'aspect de l'Auvergne autour de la Limagne ; les Pyrénées ont disparu.

Et ce n'est pas qu'une apparence ; de fait, la chaîne interrompue s'ouvre et s'écarte pour les Cerdagnes ; leurs deux bassins et celui de Prades, qui se succèdent presque en ligne droite d'Urgel jusqu'à la mer, sont les plus vastes de toutes les Pyrénées, ayant de faîte en faîte, entre le Canigou et le Bernard Sauvage, entre le Puygmal et le Carlitte, une amplitude moyenne de plus de sept lieues.

Ce long hiatus des monts n'est pas remarquable seulement par sa largeur ; il offre aussi le « port » le moins élevé de la Haute Chaîne ; le col si doux de la Perche, où se fait, on le sait, le partage de ses eaux et le départ de ses deux vallées, est, de part et d'autre, du plus facile accès et c'est par d'insensibles degrés qu'on arrive à son altitude.

Aussi la vaste et profonde brèche, un peu resserrée seulement entre Olette et Mont-Louis mais non pas étranglée, devient-elle et surtout est-elle appelée à devenir, au travers du massif, la grande voie d'union des deux peuples. Depuis longtemps déjà, une route excellente parcourt en les réunissant les vallées adossées de la Têt et de la Sègre : le chemin de fer du littoral qui vient actuellement de Perpignan à Villefranche et se continue sur Oletta ne peut tarder à passer sous Mont-Louis pour descendre sur Puycerda, d'où il se reliera sans peine aux lignes catalanes. L'Espagne communiquera alors directement avec la France centrale et ses grands ports méridionaux.

Ainsi cette voie que la nature avait faite pour s'unir retrouve sa destinée. Si l'esprit de guerre ou de conquêtes usa pendant des siècles de ses facilités, jetant de Gaule en Ibérie les invasions celtes, romaines ou barbares, et de l'Espagne en France les Arabes et les Goths; si de jadis aux temps modernes l'homme pour se défendre dut la barrer d'abord de tours et de murailles, puis de remparts et de citadelles, aujourd'hui, grâce à la concorde, elle est pour les deux grands pays, qui n'ont plus de raisons de se combattre mais beaucoup pour se soutenir, un gage d'entente, de force et de prospérité.

Dans la plaine riante et riche où descendent par ondu'ations les pentes du col de la Perche, un clocher roman se montre, c'est celui de Sallagosa (qui se prononce Saillagousse). Sallagosa, chef-lieu de canton, sur un rio affluent de la Sègre, a dû prendre quelque accroissement depuis qu'elle est française, car ce gros bourg est plus ville que la ville de Llivia, sa voisine espagnole. Une des industries de l'endroit est la poterie de terre ; M. F. Oliva, neveu du sculpteur bien connu qui était de Saillagousse, compose et cuit la poterie artistique, et sa fabrication — ateliers et exposition, — que nous ne manquons pas de visiter, en ayant vu des échantillons à Mont-

Louis, est fort intéressante ; aiguières, porte-bouquets, buires, plats ronds, carrés, ovales, etc., ce ne sont pas des Bernard Palissy, mais en en rappelant le genre, ils ont leur cachet propre et, quoique d'un prix très modéré, sont fort décoratifs.

De Saillagousse, une route assez mauvaise, plutôt chemin muletier, va sur Llivia le long du gave qui y rejoint la Sègre ; la grand'route, appuyant au sud, monte d'abord un peu pour s'abaisser près d'Err, assez gros bourg riche, dit-on, d'une source ferrugineuse... dont on ne se sert pas ; d'Err on se rapproche, et presque à le toucher, du territoire de Llivia au milieu duquel la petite ville, plus belle, paraît-il, à voir de loin que de près, semble dormir dans sa campagne déserte ; et enfin, contournant une banquette ravinée en s'élevant sur ce dernier rehaut d'où l'on a devant soi l'horizon élargi de la Cerdagne espagnole, on redescend doucement et, franchissant la Sègre, on entre à Bourg-Madame.

Formé par le duc d'Angoulême de la réunion d'Hix au hameau des Guinguettes et nommé par lui d'un seul nom, en souvenir de la Duchesse et du séjour en 1815 de leurs Altesses Royales dans les Cerdagnes, Bourg-Madame, malgré son noble parrainage, n'est guère qu'une rue assez longue, assez large et assez bien bâtie, mais de maisons trop régulières et sans physionomie. L'intérêt est à Puycerda, sa voisine espagnole, distante d'un quart de lieue, — Bourg-Madame touche la frontière. La route, ou mieux l'avenue ombragée d'arbres qui les joint, est la promenade habituelle du pays ; le soir est proche ; c'est l'heure où la grande chaleur tombant, tout le monde sort : suivons le monde.

On passe d'abord le pont de la Raure, petit affluent de la Sègre, dont le cours fait frontière un instant, car c'est sur le pont même que se trouvent d'une part la douane française et de l'autre le poste de « carabineros ».

L'avenue, presque plane au début, s'élève bientôt avec le relief de Puycerda et devient franchement montante en tournant vers le nord par des faubourgs bordés de jardins qui mènent à un parc — bois de Boulogne de la ville — orné de son petit lac et d'un grand casino. Un circuit ramène aux remparts ou du moins à ce qui en reste : quelques murailles encore debout derrière des ouvrages de terre ou de pierres sèches plus qu'à demi démantelés. « En 1768, la ville de Puycerda fut prise par les Français, après quatre assauts meurtriers. La paix de Nimègue stipula formellement que ses fortifications ne seraient jamais relevées. » (Joanne.)

Cette stipulation se retourna contre nous. « En 1795, 600 Français occupaient Puycerda; ils y furent attaqués par 18,000 Espagnols et furent forcés de se rendre, après un assaut de onze heures, qui *coûta la vie* à 2,000 assiégeants. Une grande partie de la garnison fut passée par les armes. » (Joanne.)

De ces terrasses, la vue est sinon très belle du moins très étendue sur le vaste bassin de la Sègre, peuplé d'assez nombreux villages, entre autres, à un peu plus d'une lieue, Alp, nom assez curieux à trouver dans les Pyrénées ; un pic ou puig (2,585^m) du même nom se dresse un peu plus loin, à 13 ou 14 kilom. au S.-O. de Puycerda ; Alp, en langage du nord, veut dire hauteur ; est-ce un souvenir des Visigoths ?

L'église, enveloppée de bâtiments dont un couvent devenu caserne, dérobe, et sans y perdre, son ensemble extérieur ; l'intérieur est étrange, surtout pour des yeux habitués aux élans du style ogival ; trois nefs presque semblables — ou si l'on veut, deux latérales presque aussi larges que celle du milieu, — basses et sur piliers lourds comme la crypte d'un temple païen ; de jour, elles doivent être fort sombres ; le soir, elles s'éclairent mieux, surtout au carré de leur pourtour, grâce aux étoiles des lampes et des cierges votifs brillant dans toutes les chapelles et dont le rayonnement s'accroche aux ors nombreux et laisse deviner, en en redoublant l'horreur, de noirs tableaux rougis d'affreux supplices.

Non loin de l'église, un monument aux soldats qui ont défendu la ville ; statue du général Cabrinet.

Nous redescendons par la grande rue, étroite comme les autres et resserrée encore par la saillie des grilles, des balcons, des loggias ; on se sent bien en Espagne, surtout par l'entretien suffisamment sauvage, mais non par le costume à peu près disparu, sauf heureusement pour la mantille. Très grande animation sur la place à arcades où se trouve l'hôtel, le meilleur nous dit-on. Le croyant sur parole, nous revenons à Bourg-Madame, où l'on dîne et repose très convenablement.

DE BOURG-MADAME A AX-LES-BAINS

PAR LE COL DE PUYMORENS

13 Août. — La Sègre a des sources nombreuses ; de toutes les hauteurs du bassin de Cerdagne lui viennent des rios dont le principal, dit Sègre de Carol, descendant du lac de Lanoux, la rejoint sous Puycerda entre Volvir et Alp. C'est ce gave que, maintenant, remontant au nord-ouest, nous allons suivre sur sa rive gauche.

On est en plaine ; les montagnes sont loin ; campagne coupée de buissons où Puycerda, peu saillante d'ici, ne laissant plus voir que la tour trapue de son église, s'efface derrière ses peupliers raides comme des cyprès et bien en harmonie avec ces champs silencieux où l'on n'aperçoit que de rares maisons et pas un habitant. La route droite, unie, s'ombrage de platanes maigres et de poteaux télégraphiques presque également feuillus. A droite, on cotoie de nouveau mais d'un peu plus loin — près d'une lieue — l'enclave encombrante de Llivia. Du hameau d'Ur, sur le Raour, un chemin muletier mène le long de l'enclave, par le vallon d'Angoustrina, aux Escaldas, bains dont le nom pourrait se traduire: Eaux chaudes des Pyrénées-Orientales. Ces thermes, français depuis deux siècles, n'étaient guère visités que par des Espagnols ; ils prennent faveur actuellement, même en France ; faveur renouvelée d'ailleurs non pas des Grecs mais des Romains ; d'après les restes encore vus par Marca les bains romains des Escaldas auraient été « somptueux ».

Un coude brusque de la route revient au sud toucher la frontière puis remonte vers l'ouest au bourg d'Enveitg et, tout droit, à celui plus important de la Tour de Carol. On y retrouve la montagne; la chaîne centrale, coupée pour les Cerdagnes, reprend là son élan; de part et d'autre du val les revers se redressent plus âpres; les altitudes des soms s'élèvent et dépassent 2,000 mètres. Déjà autour d'Enveitg, et surtout en amont, de nombreux blocs traînés, d'autres couchés dans le gave ou sur ses bords et ne montrant que leurs dos polis, comme un troupeau de baleines échouées, l'usure du fond, les rayures des parois, tout témoigne du passage d'un ancien fleuve glacé. Plus loin, vers Courbassil, parmi les pentes herbues ou semées de sapins, un chaos de granit précipite ses débris.

Certes la gorge est belle, mais qu'elle rappelle celle de Gavarnie, comme d'aucuns le disent et même l'écrivent, c'est de l'exagération. Tout admirer, tout louer dans nos chères montagnes, que ce soit de confiance ou de parti pris, est également fâcheux; cela détournerait de les visiter.

Les Pyrénées sont pleines d'extrêmes beautés, mais il n'est peut-être pas de montagnes où elles soient plus variées, plus diverses et, avouons-le, plus inégales; on y passe en une heure, on pourrait dire parfois en un moment, du plus ordinaire au sublime. Il faut savoir attendre et chercher. Mais s'extasier devant le banal n'exciterait pas à trouver le mieux; crier merveille devant un écroulement de roches comme il y en a tant ne rendrait pas curieux de voir les grands désastres des hautes cimes.

Au delà de ces talus de débris qui l'encombrent et la resserrent la combe en plein granit reprend la noblesse de ce règne, sa grande allure, ses franches et chaudes couleurs; les pentes se rougissent de bruyères; au fond quelque fertilité; entre les grises pierrailles un peu de culture et d'arbres; quelques prés d'un vert éclatant percés de pointements de la roche; sur un de ces reliefs, entre la route et le gave, parmi de basses masures couvertes de schistes ardoisiers, une tour carrée et le pan ruiné d'une autre avec quelques vestiges de murailles écroulées, ce sont les restes, pillés pour construire les masures, du manoir de Carol. Manoir mauresque, dit-on ; c'est possible ; mais plutôt — vu la situation — simple rempart et tours d'alarme pour la défense du défilé à son étranglement.

Mais rapidement la combe, parallèle jusque-là à la crête faîtière, s'évase en recevant à gauche — rive droite de son gave — le val profond (2 lieues) de Campéardos ouvert par le brusque recul de la haute chaîne à l'ouest. De ce confluent résulte un vaste bassin, une vallée majestueuse dans son calme souriant, captivante thébaïde où le bourg de Porta repose dans ses herbages, protégé du nord-ouest par le massif déchiré de Font-Frède, dominé au levant par le cap adouci de Puncho (2,586^m).

Il est près de midi, heure du repos pour bêtes et gens ; où s'arrête-t-on ? L'automédon l'ignore n'ayant jamais poussé que jusqu'à Bourg-Madame. Porta a des toits engageants ; mais M. Castel croit bien se rappeler qu'au Vernet c'est Porté qu'on lui recommandait. Porta-Porté, cela se ressemble ; va pour Porté ; d'ailleurs ça divise mieux la route, très dure surtout au col de Puymorens pour les chevaux qui ont encore à faire une longue traite jusqu'à Ax. Trois kilomètres c'est peu ; allons ; mais déjà la pente s'accuse, la thébaïde se sauvagise ; au milieu de la vallée un saillant de roches qu'il faut tourner, et sur elles, encore fière dans ses derniers débris, une ombre de ruine que les livres nomment : la Tour de la Cerdagne et les habitants : « le Château ». Les habitants semblent dans le vrai ; c'est mieux la place d'un castel que d'une tour défensive, si éloignée d'ailleurs de ce qu'elle eût défendu.

Derrière le château un village étageant d'assez pauvres maisons au pied de hauts revers nus qui barrent et paraissent clore la vallée. C'est sur la droite qu'on croit devoir poursuivre ; mais non, ce qui s'ouvre vivement à l'est c'est une gorge tout autre, étroite, sévère, noblement couronnée des grands massifs de Carlitte et de Pedroux, la gorge de Font-Vive dont le rio rapide et clair tombe des neiges, visibles d'ici, dont le Carlitte se drape, et du lac de Lanoux, le plus grand des Pyrénées (3 kilomètres de long), glacé neuf mois sur douze, mystérieusement caché là-haut dans un hérissement de crêtes.

Le gave, vraie source du Carol, s'unit à lui juste sous le village, au point même où nous sommes arrêtés admirant la nature mais moins charmés, les chevaux et nous, de la situation car ce village, triste hélas !... c'est Porté, l'espoir du voyageur ; nous regrettons Porta.

La grand'route n'y passe pas ; un faux chemin, étroit mais pierreux, et même deux doivent nous y conduire ; lequel ? Pas de renseignements, le naturel reste invisible ; il déjeune, lui, sans doute à cette heure ; heureux le naturel. Nous prenons donc le chemin le plus court, celui d'en haut. « Ça n'est pas le bon », nous dit soudain par-dessus un mur une jeune tête d'indigène malin. — Mais là, dans ces maisons d'en haut il y a bien une auberge ou tout au moins une écurie ? — Une auberge ?... dit l'enfant de Porté de plus en plus sardonique, il y a bien ici une écurie ; mais pour vous... et du coin de l'œil et de l'épaule il montre un toit au bas de la côte ; le gars ne veut pas se compromettre ; suivons le coin d'œil faute de mieux.

Les chevaux et leur maître restent en haut, cherchant l'écurie ; nous descendons par des ruelles où le service municipal — s'il y en a un — n'a jamais passé son balai. La maison indiquée se cache dans une cour entourée de grands murs ; voici la porte charretière à toit d'ardoises, ouverte pour la moisson qu'on vient de rentrer sans doute, car de la paille est semée et accrochée partout, mais pas de char ni de moissonneurs ; l'auberge ?... une assez longue bâtisse de pierres sèches, ferme ou mas de rustique aspect, mais égayée d'une

vigne à superbes raisins noirs qui enguirlande la porte ronde et festonne une fenêtre ornée d'un balcon de fer flamboyant de capucines.

Enfin quelqu'un ; d'une étable à cochons sort un homme tirant par les pattes un pauvre porc le ventre en l'air ; horreur !... va-t-il le tuer ? non, la bête ne crie pas et pourtant elle gigote. Elle est donc bien malade ? Oui, très malade, et l'homme, très inquiet, vient de lui faire une saignée à la queue ; cela nous semble insuffisant, nous proposons nos soins ; il faut faire ce qu'on peut. On entre dans la maison pour préparer les remèdes. Deux femmes nous accueillent, fort tourmentées aussi, mais dignes et très hospitalières. Devant leurs inquiétudes nous n'osons plus parler de nos besoins, mais elles les devinent ; Mme Barnole Michette, la maîtresse du logis, ne tient pas auberge si l'on veut, mais si nous nous contentons de ce qu'elle a... — Oh ! certainement, Madame... — On ne nous demande qu'un petit quart d'heure.

Profitons-en pour faire un tour dans le village.

Notons d'abord son altitude ; c'est un des plus élevés de France, ainsi que le montre un timbre de fonte incrusté à l'angle extérieur de la cour et portant cette légende : « Nivellement g^{al} de la France au-dessus du niveau de la mer, 1604^m,96 ».

Cet hiver, Porté avait trois mètres de neige ; elle montait jusqu'au balcon aux capucines et n'a fondu que fin avril. Il n'est pas seulement haut sur le monde, il est encore bien loin de lui ce village enveloppé de ce fier revers des monts qui semble tout barrer, de ce cercle de pointes lui fermant presque le ciel, au fond de cette âpre gorge où — seule richesse de cet isolement — bondit, le long des dernières masures, parmi quelques champs de seigle ou de lambeaux de prairies, le gave argenté de Font-Vive.

Le déjeuner est prêt et le malade va mieux ; deux excellentes nouvelles. Une échelle — disons plutôt : un escalier de meunier — mène au premier étage dans une grande cuisine, puis, à côté, dans une petite chambre luisant de propreté, où une nappe très blanche est mise près de la fenêtre aux capucines ; et sur cette nappe successivement : une omelette..., mais quelle ?... dorée, fumante, à la graisse d'oie fraîche... un chef-d'œuvre d'omelette ; puis une truite de Lanoux, qu'il suffit de nommer ; puis un perdreau aussi tendre que beau ; salade ornée des fleurs voisines, aurore et nacarat ; et fromage du pays, parfait comme le reste ; café exquis, liqueurs variées et... voilà tout ; un festin de princes. Quant à la note, n'en parlons pas ; modeste à n'y pas croire. Vive MM^{mes} Barnole sœurs et vive aussi Porté ; nous y reviendrons, j'espère. — Pour faire l'ascension du Carlitte ? — Sans doute, Mesdames..., et pour le déjeuner.

Toutes les joies !... en prenant congé nous voyons Dom Goret s'avancer titubant encore mais frétillant tout de même de sa pauvre queue rouge ; il nous bénit, ainsi que ses maîtres ; c'est trop, dame Nature y est pour plus que nous.

M. Castel a vécu près de ses chevaux, pas mal, mais sans truite ni perdreau ; plaignons M. Castel.

Pour gagner le col de Puymorens qui, au N.-O., domine immédiatement Porté, il faut d'abord piquer directement au levant sur le revers nord de la gorge de Font-Vive par une rampe de 1,500^m ; puis, tournant presque sur soi-même, revenir sur le village en laissant derrière soi, au ruisseau de Courtal, une autre petite gorge triste, peu digne du beau nom qu'elle donne au pic qui la termine, le pic de Coume d'or.

Porté, à deux cents mètres environ sous les pieds, fait d'ici bien meilleure figure ; ses toits de schiste sous le soleil brillent comme nacrés et son berceau, baigné du cristal azuré de ses gaves, semble plus vert et plus riant. Et la rampe s'élevant toujours, poudreuse et sans le moindre ombrage, le long des parois gneissiques dont les lames brunâtres absorbent et reflètent l'ardent midi, franchit bientôt près de sa naissance le rio Carol à peine grossi du filet de la Vignole, pivote encore sur soi, serpentant sur cette combe aride, et, par deux grands échelons, arrive enfin au col ($1,932^m$)... où nous soufflons un peu.

Triste, ce col de Puymorens, et sans vue, au moins devant soi. En se retournant — et c'est le moment, bien qu'on l'ait fait plus d'une fois dans la montée — on a l'ensemble, presque jusqu'à Puycerda, de la belle vallée qu'on vient de parcourir, belle surtout de haut avec les deux cirques qui s'y ouvrent, avec cette escorte de cimes qui ont l'une après l'autre surgi sur ses revers, armée rocheuse que semble commander au midi la fière pointe de la Tose.

Mais en avant, de tous côtés, rien qu'un moutonnement de croupes secondaires, couvertes, pour uniforme parure, d'une herbe rude, le glissant « jispet », mornes replis déserts où l'on n'entend pas une sonnaille, où l'on ne voit pas un troupeau.

Une maison pourtant dans cette solitude, et solide — un refuge de granit, — c'est le poste des douaniers, mais sans douaniers pour le moment et ne gardant le passage que par son prestige. Non pas que le poste soit une sinécure ; le col de Puymorens est bien près de la frontière, et la route qui descend maintenant, allant franchement à l'ouest, s'en rapproche à moins de deux cents pas, là où l'Ariège qui vient de prendre sa source à l'étang de Font-Nègre, sous le pic de ce nom marque la limite entre les deux pays. Or derrière cette limite si rapprochée du col par l'anse profonde qu'elle décrit vers lui et si peu difficile à franchir, c'est mieux que l'Espagne pour la contrebande, c'est le célèbre val au nom retentissant, surtout avec accompagnement d'orchestre, c'est — on ne s'en douterait pas d'ici — le pittoresque val d'Andorre.

En se portant, non pas sur le bord de l'Ariège — qui, bien qu'à un niveau de plus de $1,600^m$, roule naturellement dans un fond relatif — mais sur une des cimes, non visibles d'ici quoique peu distantes, qui dominent son bassin, on aurait au-dessous de soi tout le pays Andorran comme une carte en relief, ou, plus exactement, en creux ; en effet « les vallées et souverainetés d'Andorre » — titre dans les actes officiels de la soi-disant République qui eut pour père un roi, Louis-le-Débonnaire — ne sont qu'une assez grande vallée flanquée de ses vallons, où les Valires s'unissent pour former l'Embalire, affluent de la Sègre. Certes ce coup d'œil plongeant, sorte de visite à vol d'oiseau, sur ce fameux repli des monts, serait tentant et mériterait un petit écart d'une heure ou deux, mais déjà la journée avance, et d'ailleurs le pays d'Andorre, petit phénomène montagnard dont les coutumes datant de mille ans n'ont pu s'établir et durer que dans le cercle qui l'enferme, demande mieux qu'un regard, même tombant de haut ; il vaut d'être étudié, et c'est un de nos désirs — voire un projet, si faire se peut — d'y venir quelque jour, par l'Espagne. Continuons donc de rouler.

Rouler est le mot, car le chemin, bon jusqu'au col et au delà, s'est brusquement gâté, et le landau se berce dans les ornières comme une barque dans le roulis. Pourquoi ce changement ? nous sommes sous les mines de fer de Puymorens qui, de là-haut, 2,095^m, descendent à la route, par un rail rapide et tournant d'un kilomètre de long, le minerai qu'elles puisent entre deux mamelons ; or la route accentue sa pente ; se coudant soudain à angle aigu pour s'enfoncer au nord-nord-est en longeant la frontière sur la rive droite du gave, elle va s'abaisser pendant une lieue et demie, c'est-à-dire jusqu'à l'Hospitalet, de plus de 300^m ; à cette inclinaison les lourdes voitures des mines, qui ont chargé le minerai au débouché du rail, ne se retiennent que par des freins puissants mais primitifs, de grossiers sabots de fer qui font charrue sous le char traînant ; et il y a des files de chars, et qui ne se rangent pas pour vous, les pauvres !... ils ont assez à faire de ne pas verser. De là l'effondrement de la route, tel qu'on n'y peut pas tenir, on aurait le mal de terre. M. Castel, au petit pas, en se garant de son mieux, tâche de se tirer de ce labourage ; ses voyageurs s'en tireront à pied.

On n'en jouirait que mieux de la nature... si elle était plus réjouissante ; mais combien triste, grise et bornée ! — On étoufferait entre ces flancs pelés, sur cette route poussiéreuse, si un coup de vent du nord s'élevant de la vallée de l'Ariège ne vous rafraîchissait en vous poudrant un peu. Voici, coupant le chemin, le sentier de mulets qui descend presque droit du col vers l'Andorran ; sautant l'Ariège naissant vers la fontaine de la Palouméra, il passe la frontière qui est toujours tout proche, et va gagner Andorre le long d'une des Valires, Valira del Norte. Plus loin autre cabane de douane au pont Cerda, sous les roches du Saut du Taureau, âpres racines du pic de Nères-Soles (2,634^m). Les revers se meublent par places et reprennent quelque allure. Le creux de vallée profond, étroit, laisse voir un bout de pré assombri du feuillage des aulnes ; c'est là que se cache l'Hospitalet ; on ne le verra qu'en y touchant ; la route y tombe par échelons, le dépassant d'un quart de lieue pour y revenir d'autant ; tous ces détours sont fastidieux ; plus court est de couper aux hasards du talus, mais il est assez raide.

Voici la maison hospitalière, la plus belle de ce tout petit hameau ; une bâtisse bien banale mais bien utile, l'hiver surtout pendant les six ou sept mois de neige. Deux voitures dételées sont dans le petit préau devant la porte ; la nôtre s'y reposera quand les ornières l'auront rendue. En attendant nous écoutons non sans y compatir, les doléances de voyageurs qui, partis avant nous de Bourg-Madame mais retardés par l'état du chemin, vont manquer le train à Ax. Ils tenaient à ce train ; ils n'y seront pas et s'exaspèrent, traitant de belle manière les mines, les ponts et le gouvernement ! L'hôtelier comprend leur ennui et cherche à l'adoucir en assurant que le conseil général a émis pour la route un vœu de 55,000 fr.

— « Un vœu !... de belles intentions !... Le chemin de l'enfer en est pavé... et il n'est pas meilleur pour ça !... » —

L'hôte soupire. — M. Castel arrive cahin-caha et ses chevaux fumants, mais comme eux calme et résigné : un philosophe, M. Castel.

Une heure de repos et nous repartons, toujours à pied, comme les chevaux, car jusqu'aux Bordes de Saillens c'est toujours les mêmes fondrières. De ce point la pente devient moins forte et les freins-socs ont moins fonctionné. On peut remonter et même trotter un peu.

Depuis l'Hospitalet, et déjà au-dessus, nous sommes entrés dans l'Ariège, et maintenant, à mesure que s'accuse le bassin principal de ce département, l'aspect de la gorge change et prend un mâle caractère ; droite comme un coup de sabre et s'entaillant de plus en plus, elle cache de ses revers abrupts les hautes cimes dont on se rapproche mais elle les laisse deviner à leurs puissantes assises, à leurs flancs granitiques si hardiment dressés.

Après Merens, pauvre bourg étouffé entre les caps de Karoutch et de Largens, et que n'enrichissent pas trois abondantes sources sulfureuses, le gave, grossi du rio des Estagnols et çà et là de ruisselets et de cascades, se précipite serrant de près la route, dont la pente devient de plus en plus forte, et, la coupant trois fois jusqu'à la troisième Bazergue ou Bazergue d'amont, la borde ensuite d'un rapide flot d'écume. Des bois de sapins épais ont envahi toutes les hauteurs ; plus bas les hêtres, les frênes, les vernes glissant leurs masses compactes entre les épaulements et pendant presque en surplomb comme les roches, resserrent encore le défilé et l'assombrissent tellement qu'à 6 heures du soir on se croirait à la nuit.

Pourtant, aux Bazergues d'aval, la gorge a pris quelque largeur et montre des cultures ; mais brusquement en son milieu elle se barre de pointes rocheuses, s'ouvre de plus en plus et au delà de ces pointes laisse voir un haut revers, encore ensoleillé des derniers feux du soir, qui semble la fermer. On sent l'approche d'une grande vallée tournée en autre sens ; ou plutôt on devine que le bassin, réunissant là ses gorges du sud et de l'est, va s'incliner vers le couchant. Et en effet déjà s'ouvre sur la droite un des confluents orientaux du bassin, le val ombreux où roule l'Oriège ; pressé de confondre ses eaux avec celles du gave au nom presque semblable — l'Ariège, — le torrent s'engouffre sous la route, et les deux gaves se mêlent près de premières maisons qui annoncent une ville, c'est Ax, où nous entrons.

M. Castel s'arrête à l'hôtel Sicre, le meilleur d'Ax, dit-on ; une date au-dessus d'une porte — 1797 — indique du moins qu'il n'est pas neuf. Les chevaux y sont très bien ; les écuries, de l'autre côté de la rue, sont d'énormes caveaux dépendant de remparts anciens — Ax était fortifiée, — très puissants pour l'époque mais aujourd'hui presque entièrement disparus ou noyés dans les constructions nouvelles ; la lumière Edison brille sur ces murs antiques ; c'est le bon vieux temps paré de la jeune incandescence.

AX-LES-BAINS

14 Août. — Beau temps, très chaud. — Ax, dont le nom viendrait, dit-on, d'*aquæ*, — il faut bien à propos de thermes qu'il y ait du romain dans l'affaire — est du reste la bien nommée ; les eaux abondent, chaudes et froides. L'Ariège, qui a reçu l'Oriège en amont de la ville, se grossit en aval de la rivière d'Ascou qui traverse Ax par le milieu, formée elle-même de la Lauze et du Riou-Caou ; et le gave déjà fort n'emporte pas dans la grande vallée que les eaux des hauteurs, rios, ruisselets et cascatelles, mais en même temps les eaux profondes, les sources thermales sulfureuses qui jaillissent de toutes parts du sol ; « on dirait que la ville tout entière (Joanne) repose sur un réservoir d'eau bouillante. » Aussi les Axénois prétendent-ils que la neige fond plus vite et plus tôt chez eux que partout ailleurs.

Il semble difficile pourtant d'attribuer ce privilège aux sources ; vu en effet leur température qui pour certaines atteint et dépasse même 75 degrés, il faut que les cavernes où elles prennent naissance au fond de l'hiatus de la vallée, entre le granit et les couches primaires soulevées et disloquées par lui, il faut que ces cavernes où elles s'échauffent et se minéralisent soient par une profondeur de 1,500 à 2,000 mètres au moins ; les sources pour transmettre leur chaleur à la surface du sol auraient donc à réchauffer d'abord une épaisseur de l'écorce terrestre de 2 kilomètres environ ; on conviendra que c'est beaucoup, et si les Axénois sont si favorisés c'est plus probablement que, bien que non loin de la grande montagne, ils sont gardés du nord par le Saint-Barthélemy et peu distants de la plaine, qui commence presque à Tarascon.

Le centre d'Ax est une grande place ombragée de lignes de beaux platanes, entourée d'établissements thermaux et d'un grand nombre de boutiques foraines. Sur cette place, au débouché des allées promenades de la vieille ville, s'élève l'église paroissiale de Saint-Vincent, assez étrange avec son clocher sur la droite, son portique aux charpentes frangées de toiles d'araignées et surmonté de statues en terre cuite formant un groupe dramatique à la mémoire de saint Udant. Une inscription explique le drame :

« Udant pour des captifs c'est la loi de la guerre
D'adorer Attila, le maître de la terre.
Non, l'invincible a dit : Dieu seul adoreras.
Je veux vaincre Attila, je ne l'adore pas.

Saint Udant, vainqueur d'Attila, martyrisé à Ax en 452, sous le pape saint Léon et Marcien, empereur d'Orient. »

L'intérieur est un assez beau vaisseau, mais de toutes les époques et d'une décoration criarde. Les ogives, visiblement ajourées après coup sous charpente, ne sont pas suffisamment appuyées par les chapelles trop peu profondes et prenant lumière de trop haut. Reliefs polychromes assez décoratifs à l'entrée ; d'un côté, une sainte Vierge tirant les âmes du Purgatoire ; de l'autre un bon Pasteur d'un assez beau mouvement mais couronné d'une gloire dorée, pleine et trop large, qui ressemble à un chapeau de paille.

La petite ville, sans caractère particulier mais non sans prétentions, se fait surtout remarquer par ses bâtiments balnéaires, aussi nombreux que considérables : Thermes du Couloubret, du Breilh, Viguerie ; un plus récent, « le modèle », qui, malgré son nom modeste, est moins beau que les Thermes du Teich, un vrai palais à peine fini. Il serait trop long de les décrire, et les sources si variées qu'ils se partagent sont trop connues et trop suivies pour qu'il soit besoin de les vanter.

Touchant les Bains du Teich et le long du rio, s'étend un joli petit parc, le coin le plus agréable d'Ax.

Les Romains, s'ils connurent ces eaux, n'y ont guère laissé de traces ; et les Maures ?... y venaient-ils en baigneurs ou en maîtres ? Sur une roche derrière le parc, au confluent du Val d'Orlu, on montre quelques pierres, restes du château Mahou qu'on dit avoir été bâti par eux ; était-ce un castel ou un fort ?

Au moyen âge Ax est le Barèges du temps ; saint Louis, au retour de sa première croisade, y construit l'hôpital et, tout auprès, le « bain des Ladres ». Le nom de Louis devait d'ailleurs porter chance au pays ; la vogue vient à ces eaux sous le règne de Louis XIV ; elle s'accentue sous Louis XV et Louis XVI, et l'hôpital, entretenu ou rebâti par eux, est encore restauré sous Louis-Philippe.

Le bain des Ladres existe toujours tel qu'il fut établi au XIIIe siècle ; c'est une assez vaste piscine à ciel ouvert, au pied de l'hospice.

La ladrerie a disparu, ou du moins ne se traite pas au grand air ; on ne se baigne donc plus dans ce bassin, mais on y lave *coram populo* toutes les horreurs d'Ax, depuis le linge des malades jusqu'aux choses que, dans le nord, on prépare à la mode de Caen. Il paraît que « ça ne fait rien » parce que l'eau est très sulfureuse ; mais la couleur en est jolie !... ne parlons pas de l'odeur.

Près du château Mahou, dans la même gorge en amont de la ville, une autre roche plus haute, assez abrupte, porte une petite chapelle, en forme de fortin à poivrière, dédiée à Notre-Dame et portant une belle statue de la sainte Vierge, les bras étendus.

Ce monument, ainsi que la route en spirale qui y conduit, est l'œuvre de l'ancien curé d'Ax, M. l'abbé Commenge, dont la tombe, bien modeste dalle noire, est posée presque ras terre au pied de la chapelle du côté de la ville.

La vue est belle de ce point sur Ax et ses vallées.

15 Août. — La fête de l'Assomption se célèbre ici en grande pompe; Mgr l'Evêque est venu de Pamiers présider aux offices. Après Vêpres, le clergé, sortant de l'église bannières en tête, s'élève lentement au chant des psaumes vers la roche de Notre-Dame; la ville entière suit, et même les alentours, en procession sans fin où se répètent les chants; le cortège, monté par une des pentes, s'arrête quelques instants autour de la chapelle pour recevoir la bénédiction épiscopale, puis s'écoule par une autre rampe; de sorte que ce double flot, qui monte et descend à la fois, enguirlande toute la petite montagne.

Le soir une surprise apparaît dans le ciel : le monogramme de l'*Ave Maria*, un AM électrique, brille soudain sur la petite chapelle, et, à cette lueur, la Vierge que dérobait la nuit surgit blanche, agrandie d'un éclat fantastique et comme suspendue entre la terre et les étoiles.

16 Août. — Le lendemain départ d'Ax et, par la plaine de Tarascon, — avec la vue déjà lointaine de la Haute-Chaîne centrale, région du Mont-Vallier, — par Toulouse, Aurillac et Clermont, retour en Bourbonnais.

A. MÔNY.

Moulins. — Imprimerie Etienne AUCLAIRE.

www.ingramcontent.com/pod-product-compliance
Lightning Source LLC
Chambersburg PA
CBHW060612050426
42451CB00012B/2205